NOTIONS

DE

DROIT RURAL

Conformes au Programme du Diplôme d'Agriculture

DÉCERNÉ PAR

L'UNION DU SUD-EST

DES

SYNDICATS AGRICOLES

(Deuxième édition)

P. J.

EN VENTE A LA PROCURE

24, Montée Saint-Barthélemy, 24

LYON

AVERTISSEMENT

A une époque où l'instruction est si répandue, ce petit travail peut avoir son utilité, non seulement pour les jeunes gens qui se préparent à subir des examens d'agriculture, mais encore pour leurs familles, car les questions qu'il contient sont d'une grande opportunité. Il sera pour les Syndicats agricoles, un moyen facile de rendre un nouveau service à leurs membres et aux écoles auxquelles ils portent intérêt.

Les candidats au diplôme supérieur d'agriculture, décerné par les Facultés catholiques, y trouveront un appoint considérable, qu'il suffira de compléter par l'étude des lois nouvelles.

Les jeunes élèves ne devront pas se laisser effrayer par les chiffres qui indiquent les articles des lois ; ils ne sont placés dans l'ouvrage que pour rendre plus facile la consultation des textes du Code.

Les alinéas précédés d'un astérisque correspondent au programme du certificat agricole; pour celui du diplôme, il faut ajouter ceux qui en portent deux.

Cependant tous les élèves liront avantageusement le travail entier ; pour beaucoup les interrogations qui suivront la lecture de chaque partie, faites par le maître ou par les élèves entre eux, seront suffisantes pour qu'ils gardent la mémoire des questions principales.

Les textes des lois ont été reproduits littéralement autant que possible. Cependant, pour rester dans les limites d'un abrégé et pour se mettre à la portée de ceux qui n'ont pas l'habitude du langage de la jurisprudence il a fallu souvent se limiter aux questions les plus pratiques et les résumer. Mais à l'aide de la date des lois et des articles indiqués, il sera facile à ceux qui désireront plus de détails de consulter les Codes ou un ouvrage de droit développé.

Notions de Droit Rural

PRÉLIMINAIRES

* **Le Droit** est l'ensemble des *lois* et des *coutumes* qui régissent un peuple. — C'est encore la science des lois.

* Une *loi* est l'expression de la volonté du législateur sur un objet d'intérêt commun.

Les lois sont réunies en des ouvrages nommés *codes*.

* On appelle donc codes les recueils des lois.

Notre législation actuelle en comprend sept qui ont été décrétés depuis 1804, et qui se continuent de nos jours. Ce sont:

1° **Le Code Napoléon ou Code civil,** qui règle les rapports des citoyens entre eux, avec l'Etat et avec les biens (décrété le 20 mars 1804).

2° **Le Code de procédure civile,** qui comprend les règles pour les pourvois en justice (29 mars 1806).

3° **Le Code de commerce,** qui renferme les lois relatives au commerce (11 septembre 1807).

4° **Le Code d'instruction criminelle,** qui fixe la juridiction relative aux délits, aux crimes et à leur jugement (17 novembre 1808).

5° **Le Code pénal,** qui contient les sanctions des lois (2 février 1810).

6° **Le Code forestier,** qui renferme les prescriptions relatives aux bois et aux forêts (21 mai 1827).

7° **Le Code rural** est en voie de formation. Il comprend déjà quelques lois, dont une des plus importantes est celle du 21 juin 1898, relative à la police rurale.

* *Définition.* — **Le Droit rural** est la partie de la législation relative aux exploitations agricoles et aux campagnes.

Les personnes (1) et les habitations rurales sont soumises au droit commun.

Les particularités dont il peut être question ici sont relatives: 1° Aux propriétés non bâties, 2° aux servitudes, 3° aux animaux de la ferme, 4° à la police rurale, 5° aux contrats, 6° aux partages et aux échanges de propriété, etc.

---

(1) La personne en législation est l'individu envisagé dans ses rapports avec le droit. — Ou au point de vue de ses *obligations* et de ses *droits*.

L'homme constitue une personne dès sa naissance.

Chez les Romains, les esclaves étaient considérés comme des choses. Le christianisme a fait disparaître cette inégalité.

En France, tous les hommes sont égaux devant la loi; tous peuvent parvenir aux charges.

Parce que les personnes seules ont des devoirs et des droits, la loi a personnifié certaines agglomérations qui peuvent jouir des mêmes avantages et qui sont appelées *personnes civiles* ou *personnes morales*. Ainsi l'Etat, le département, la commune, les établissements d'utilité publique, les Sociétés anonymes, en nom collectif, en commandite, les syndicats, etc. sont considérés comme *personnes civiles*. Ils peuvent posséder, vendre, acheter, etc.

I. — RÉGIME DU SOL OU DES PROPRIÉTÉS NON BATIES

* Les *bases de la propriété* sont établies sur le principe suivant du décret du 28 septembre 1791.

* Article premier. — Le territoire français est libre comme les personnes qui l'habitent... — Toute propriété ne peut être sujette qu'aux contributions publiques établies par le Corps législatif.

* La propriété est donc inviolable comme les individus : de même qu'on ne peut nuire à la personne d'autrui, on ne peut détériorer ses biens.

* Ce principe repose d'ailleurs sur le septième commandement de Dieu : Le bien d'autrui tu ne prendras, ni ne retiendras.....

* Il est cependant des cas où il est permis de violer ce principe, du moins en apparence.

* 1° *En temps de guerre*, une armée peut passer sur des récoltes, couper ou brûler des bois, abattre des ponts, mais les propriétaires sont ordinairement indemnisés.

** 2° *En cas d'utilité publique :* On perce une rue, on trace une route, un chemin de fer ; les propriétés atteintes seront *expropriées* (1), mais moyennant une juste indemnité.

** 3° *Certains usages anciens* permettaient de troubler cette jouissance exclusive du propriétaire sur ses biens, mais la plupart ont été abolis. C'est ainsi que :

** A. *Le droit de parcours* qui permettait, à l'époque de la *vaine pâture*, aux habitants de communes voisines, de faire passer leurs animaux sur les champs des voisins, a été aboli par la loi du 9 juillet 1889.

** B. *Le droit de vaine pâture* (2) lui-même l'a été par la même loi.

** Cependant celle du 22 juin 1890 laisse la faculté de la réclamer dans les conditions où elle s'exerçait avant la loi de 1889, et conformément aux droits acquis.

* Néanmoins, dans aucun cas, la vaine pâture ne peut s'exercer sur les prairies artificielles (Art. 5, 1890).

* C. *Le banc des vendanges* qui était le *permis* que devait donner le maire de commencer les vendanges au jour fixé

---

(1) Exproprier pour cause d'utilité publique, se dit de l'Administration qui, pour l'utilité publique, s'empare de la propriété de quelqu'un moyennant une indemnité égale à la valeur de la propriété. La loi du 3 mai 1841 réglemente cette question. Elle dit :
Article premier. — *L'expropriation..., s'opère par autorité de justice.*
Art 2. — *Les Tribunaux ne peuvent la prononcer qu'autant :* 1° *Que l'utilité publique a été constatée par une loi ou un décret ;* 2° *Que le préfet a désigné les localités sur lesquelles les travaux doivent être faits ;* 3° *Qu'autant que les intéressés ont pu fournir leurs contredits.*
(2) *Le droit de vaine pâture* consistait dans la faculté réciproque qu'avaient les habitants d'une même commune de faire paître leurs animaux sur les champs ou les prés, les uns des autres, après que les récoltes et les fruits avaient été ramassés.

par lui, ne peut être *maintenu* ou *établi* que dans les communes où le Conseil municipal l'aura ainsi décidé, par délibération approuvée par le Conseil général (Art. 13, 9 juillet 1889).

* D. *Les droits de glanage* (des épis abandonnés), de *grapillage* (des raisins laissés), de *ratelage* (du foin négligé) ont été réglementés de nouveau par la loi du 21 juin 1898.

* Ils ne peuvent s'exercer que pendant le jour, après l'enlèvement des récoltes et jamais dans les enclos.

* *Les servitudes et la mitoyenneté* constituent encore des restrictions à la propriété.

II. — SERVITUDES

On appelle *servitudes* des assujettissements imposés à un fonds, et que le propriétaire est obligé de supporter (1).

* Les principales *servitudes* sont relatives :

1° Au droit de passage; 2° à l'écoulement des eaux; 3° à la situation des lieux; 4° à la mitoyenneté.

* 1° **Droit de passage**. — Le propriétaire dont les fonds sont *enclavés* et qui n a, sur la voie publique, aucune issue, ou qu'une issue insuffisante, peut réclamer un passage sur les fonds voisins, moyennant une indemnité proportionnée au dommage qu'il peut occasionner (Art. 682, 20 août 1881).

* * Ce passage doit être pris du côté où le trajet est le plus court, ou dans l'endroit le moins dommageable sur le fonds de celui qui est obligé de l'accorder.

* * Si *l'enclave* résulte d'une vente, d'un échange, d'un partage, le passage ne peut être demandé que sur les terrains qui ont fait l'objet de ces actes. Mais s'il ne pouvait y être établi, l'article 682 serait applicable (Art. 684).

L'indemnité accordée pour cette servitude est *prescriptible* (2), et le passage peut être continué, quoique l'action en indemnité ne soit plus recevable après trente ans d'usage.

* 2° **Servitudes relatives aux eaux**. — Tout fonds inférieur est assujetti à recevoir les eaux qui s'écoulent naturellement du fonds supérieur (Art. 640).

* Le propriétaire du terrain inférieur ne peut élever de digue qui empêche cet écoulement.

* Celui qui veut *irriguer* ses propriétés avec des eaux dont il a le droit d'user, peut :

* A. Faire écouler les eaux sortant des terrains irrigués sur les fonds inférieurs;

* B. Obtenir le passage de la prise d'eau sur des fonds intermédiaires;

* C. Appuyer sur la propriété riveraine les ouvrages d'art

---

(1) L'article 637 du Code N. définit la servitude : Une charge imposée sur un héritage pour l'usage et l'utilité d'un héritage appartenant à un autre propriétaire (Liv. II, titre IV).

(2) Une chose est *prescriptible* quand elle ne donne plus lieu à recours après un certain laps de temps.

nécessaires à cette prise d'eau. Le tout à la charge des indemnités convenables.

* * Le propriétaire riverain pourra toujours demander l'usage commun du barrage, en contribuant, pour moitié, aux frais d'installation. Dans ce cas, il n'aura droit à aucune indemnité et devrait rembourser celle qui lui aurait été payée.

* Sont exceptés des servitudes précédentes, les maisons, cours, jardins, parcs, enclos attenant aux habitations (Lois du 29 avril 1845 et du 11 juillet 1847).

* Celui qui possède une *source*, une *fontaine* dans son champ peut en user à volonté ; mais il ne doit pas en faire usage de manière à enlever l'eau nécessaire aux habitants d'une commune ou d'un hameau, ou au propriétaire d'un fonds voisin qui aurait acquis par titre ou par *prescription* le droit d'user de ces eaux (Art. 642, Loi du 8 avril 1898).

* Les toits doivent être établis de manière que les eaux pluviales s'écoulent sur le terrain du propriétaire ou sur la voie publique, mais non sur le fonds du voisin (Art. 681).

3° **Servitudes relatives aux lieux** (Loi du 7 mars 1808. — Nul ne pourra, sans autorisation, élever aucune habitation, ni creuser un puits, à moins de 100 mètres des *nouveaux* cimetières établis hors des communes.

* * Les habitations existantes dans ce rayon, ne pourront être restaurées ni augmentées sans autorisation préalable.

* * Les puits pourront être comblés, après visite contradictoire d'experts, en vertu d'une ordonnance du préfet.

Si l'on veut creuser un puits ou une fosse d'aisance près d'un mur, on doit laisser la distance ou faire les ouvrages prescrits par les règlements ou les usages. Il en est de même quand on veut établir une cheminée ou âtre, un four, une forge, un magasin de matières corrosives, etc., près d'un mur.

On ne peut pratiquer de fenêtre donnant vue directe sur la propriété du voisin, à moins d'une distance de 2 mètres, ou encore à moins de laisser une hauteur de 2 m. 60 à partir du sol pour le rez-de-chaussée et de 1 m. 90 au-dessus du plancher pour les étages supérieurs ; et encore faut-il que ces croisées soient à châssis dormant et garnies d'un treillis en fer, à mailles d'un décimètre au plus.

4° **Mitoyenneté.** — Une chose est *mitoyenne* quand elle sépare deux propriétés contiguës et qu'elle est possédée par les deux propriétaires voisins.

* Les choses qui peuvent être mitoyennes sont : 1° un mur ; 2° une haie ; 3° un fossé, un chemin, etc.

* 1° Mur (C. N., Liv. II, Tit. IV). — Tout mur de séparation entre bâtiments jusqu'à l'héberge (1), entre cours et jardins est présumé mitoyen s'il n'y a titre ou marque du contraire.

---

(1) *Héberge*. Endroit où deux bâtiments établis sur un même mur, et de hauteur différente commencent à se séparer.

* Il y a marque de non-mitoyenneté :

* A. Si le mur à son sommet est à plomb de son parement d'un côté, et présente, de l'autre, un plan incliné. — On dit alors qu'il est à une seule eau. — Il est à deux eaux, quand le chaperon est à deux pentes.

* B. Lorsqu'il ne présente que d'un côté un chaperon, des filets et des pierres saillantes qui y auraient été mises en le bâtissant.

* Dans ce cas, le mur est censé appartenir au propriétaire du côté duquel sont ces objets.

* *Réparations.* — Les réparations et reconstruction d'un mur mitoyen sont à la charge des copropriétaires.

* L'un d'eux ne peut se dispenser de participer à ces travaux qu'à la condition d'abandonner son droit de mitoyenneté, et il ne pourrait l'abandonner si le mur soutenait un de ses bâtiments.

** Tout copropriétaire peut faire exhausser le mur mitoyen, mais à ses frais, s'il n'y a pas eu d'entente préalable.

** Il peut y placer des poutres et solives dans toute l'épaisseur, moins 54 millimètres.

** Mais il ne peut y pratiquer aucun enfoncement, ni y appuyer aucun ouvrage sans le consentement du voisin.

Au refus de celui-ci, il peut faire régler, par des experts, les moyens pour que l'ouvrage ne nuise pas à ses droits.

Le propriétaire du sol contigu à un mur non mitoyen ne peut rien appuyer contre.

** *Acquisition de la mitoyenneté.* — On peut obtenir la mitoyenneté d'un mur, en tout ou en partie, en payant à son propriétaire la moitié de la valeur de ce mur et la moitié du terrain sur lequel il est construit. On ne peut acquérir ainsi la mitoyenneté des murs des édifices publics (églises, arsenaux).

2° * Haie. — (C. N. 668-670. Loi du 20 août 1881). Toute haie qui sépare deux fonds est réputée mitoyenne, à moins qu'il n'y ait qu'un seul terrain en état de clôture, ou s'il n'y a titre, prescription ou marque contraire.

* La haie mitoyenne doit être entretenue à frais communs.

* Les produits appartiennent par moitié aux deux propriétaires,

* Les arbres qui se trouvent dans une haie mitoyenne sont mitoyens ; leurs fruits et leurs produits doivent être partagés.

** On ne peut être obligé à céder à un voisin la mitoyenneté d'une haie non mitoyenne.

** L'un des copropriétaires peut détruire la partie de la haie qui lui appartient, mais à la charge de construire un mur à cet emplacement jusqu'à sa limite.

3° * Fossé. — (C. N. 666-668. Loi du 20 août 1881). Le fossé aussi qui sépare deux propriétés est supposé mitoyen, s'il n'y a point de marque du contraire.

* Il y a preuve de non-mitoyenneté quand la levée ou le rejet de la terre se trouve d'un seul côté, qui est celui du propriétaire.

* Comme la haie, le *fossé mitoyen* doit être entretenu à frais communs.

* A moins que l'un des copropriétaires ne se soustraie à cette obligation en renonçant à la mitoyenneté (art. 667).

Mais on ne peut y renoncer, si le fossé sert à l'écoulement des eaux.

(Les deux derniers alinéas relatifs à la haie se rapportent aussi au fossé).

* Le propriétaire riverain qui voudrait ouvrir un fossé le long d'un chemin vicinal doit garder une distance de 0 m. 75 de la limite de ce chemin.

** Si cette clôture, par sa profondeur, présentait quelque danger, le maire ou le préfet pourrait prescrire des mesures pour assurer la sécurité.

* Le propriétaire qui veut planter des arbres dont la hauteur dépasse 2 mètres, sur le bord de son champ contigu à celui d'un autre, ne peut le faire qu'à la distance de 2 mètres de la limite de sa propriété.

* Cette distance se réduit à 50 centimètres pour les haies et les arbustes dont la hauteur ne dépasse pas 2 mètres.

* Si les branches des arbres arrivent sur la propriété du voisin, celui-ci peut obliger à les couper. Celles qui avancent sur un chemin vicinal doivent être coupées à plomb de la limite du chemin.

* Quant aux racines, le cultivateur peut les extraire de son champ.

* Pour les arbres plantés en espalier de chaque côté d'un mur séparatif, on n'est tenu d'observer aucune distance, mais ils ne doivent pas dépasser le mur.

** 4° CHEMINS. — Il y a trois sortes de chemins :

1° *Les chemins et sentiers d'exploitation* qui ne desservent que des propriétés privées ;

2° *Les chemins ruraux* qui servent à toute une commune, mais qui ne sont pas classés parmi les chemins vicinaux ;

3° *Les chemins vicinaux* qui peuvent faire communiquer plusieurs communes entre elles, ou les différents points d'une commune.

* 1° *Les chemins et sentiers* qui desservent des propriétés privées appartiennent, à défaut de titre, aux propriétaires riverains, mais l'usage en est permis à tous les intéressés.

* Leur entretien incombe à ceux qui s'en servent. Ils ne peuvent être supprimés que d'après le consentement de tous les ayants droit.

2° *Les chemins ruraux* appartiennent aux communes, elles sont chargées de leur entretien.

** Elles y pourvoient au moyens des ressources ordinaires, et, si celles-ci sont insuffisantes, à l'aide d'une journée de prestation, ou de centimes additionnels qui ne peuvent dépasser 5.

* * En cas de dégradations causées par des exploitations de mines, carrières, forêts, etc., on pourra imposer aux entrepreneurs ou *propriétaires* des subventions spéciales qui seraient payées en argent ou en prestations.

* * L'élargissement ou le redressement de ces chemins sont prononcées par la Commission départementale.

* *Les chemins vicinaux ordinaires* sont à la charge de la commune. Si les ressources ordinaires ne suffisent pas pour leur entretien, le Conseil municipal pourra voter des *journées de prestation* dont le maximum est de 3, et des centimes additionnels jusqu'à 5 au plus.

Les chemins vicinaux ordinaires peuvent être déclarés chemins vicinaux de grande communication par le Conseil général, sur l'avis des Conseils municipaux, des Conseils d'arrondissement et sur la proposition du préfet. Ils sont alors sous l'autorité du préfet et sous la surveillance des agents voyers.

* BORNAGE. — (C. N. Art. 646). Le bornage peut être réclamé par chacun des propriétaires dont les fonds sont contigus. Il se fait à l'amiable. ou .en vertu d'un jugement, par des experts désignés par les intéressés, ou nommés d'office par le *juge de paix.*

* Le bornage peut-être exigé dans le cas même où les propriétés contiguës seraient séparées par une *haie vive,* un chemin, etc. Les frais en sont communs entre les deux voisins.

QUESTIONNAIRE

1° Définissez le droit, une loi, les Codes.
2° Qu'est-ce que le droit rural ? Existe-t-il un Code rural ?
3° Sur quel principe reposent les bases de la propriété ?
4° Quels sont les usages qui ont été supprimés ?
5° Qu'entendez-vous par la vaine pâture et le ban des vendanges ? Qu'en savez-vous ?
6° Quand et où est-il permis de grapiller ?
7° Qu'appelez-vous servitudes ? A quoi se rapportent-elles ?
8° Que savez-vous du droit de passage ? Et des eaux qui s'écoulent des propriétés ?
9° Quelles sont les principales servitudes relatives aux lieux ?
10° Qu'entendez-vous par la mitoyenneté ? Parlez des choses qui peuvent être mitoyennes.
11° Combien connaissez-vous de sortes de chemins ? A qui appartiennent-ils ? Qui est chargé de leur entretien ?
12° Qu'est-ce qui favorise celui qui veut irriguer son champ ?

III. — ANIMAUX DE LA FERME

* Dans le bail à ferme, ou fermage, les animaux de l'exploitation appartiennent le plus souvent au fermier.

* Dans le métayage, c'est ordinairement le propriétaire qui fournit le cheptel, c'est-à-dire l'ensemble des animaux nécessaires à l'exploitation ; les produits seuls sont partagés entre le propriétaire et le métayer.

* *Les volailles* ou oiseaux de basse-cour peuvent appar-

tenir au bailleur ou au preneur comme les animaux précédents.

* Dans le cas où l'un de ces oiseaux s'enfuirait dans une propriété voisine, il ne cesserait pas d'appartenir à son propriétaire quoiqu'il l'ait perdu de vue.

* * Cependant celui-ci perdrait légalement le droit de le réclamer, un mois après que le voisin en aurait fait la déclaration à la mairie.

* *Les pigeons* peuvent être considérés comme des *immeubles* par *destination* (1) ou comme des *meubles* :

* Ceux qui vivent habituellement en pigeonnier ou colombier, sont regardés comme des immeubles par destination.

* Ceux qui sont tenus en volière, où on les nourrit, sont considérés comme meubles.

* Il est des époques où les pigeonniers doivent être fermés : c'est le préfet qui fixe ces époques de clôture. (Aux semailles.)

* Pendant ce temps, les cultivateurs qui trouveraient des pigeons sur leurs terres, peuvent les tuer et se les approprier.

* En dehors de ces époques, ils peuvent les tuer pendant qu'ils causent des dommages sur leur terrain, mais non se les approprier.

* *Les lapins de garenne*, c'est-à-dire ceux qui s'élèvent en un lieu où l'on a fait des travaux pour les abriter et favoriser leur multiplication, appartiennent au propriétaire de la garenne.

Nul ne peut les chasser sans le consentement du propriétaire.

* Mais celui-ci est reeponsable des dommages que les lapins peuvent causer aux cultivateurs voisins.

* Il n'en serait pas de même pour le propriétaire d'un bois dont aucune partie ne servirait de réserve ou de garenne.

* * Il ne serait responsable des dégâts que dans le cas où il favoriserait la multiplication de ce gibier et négligerait de le détruire.

* **Des abeilles.** — Les ruches placées par le propriétaire pour donner plus de valeur à son fonds sont considérées comme des immeubles par destination.

* Si elles ont été placées par le fermier, elles font partie du mobilier de celui-ci.

* Il est des attributions du préfet et du maire de déterminer la distance à laquelle un rucher peut être établi des voies publiques ou des propriétés voisines. — Toutefois ne sont assujetties à aucune prescription de distance les ruchers séparés des propriétés d'autrui par un mur ou une palissade en planches.

---

(1) Les immeubles par destination sont les objets que le propriétaire a placés dans son fonds pour le serviee de ce fonds ou à perpétuelle demeure.

* Le propriétaire d'un rucher est responsable des dommages ou accidents que peuvent causer ses abeilles.

* Un essaim qui sort d'une ruche appartient au propriétaire de la ruche tant que celui-ci le poursuit ; il peut pénétrer sur les propriétés voisines, même closes, pour le réclamer et le prendre.

* Mais si l'essaim est abandonné, il appartient à celui qui s'en empare ou au propriétaire du sol où il se pose (loi du 21 juin 1898).

* Les ruches vendues ou saisies ne peuvent se transporter que pendant que les abeilles sont en léthargie, c'est-à-dire pendant les mois de décembre, janvier et février.

Lois relatives aux animaux

En dehors des particularités dont il vient d'être question, plusieurs autres lois sont relatives aux animaux. Les plus importantes sont les suivantes :

* I. **La loi Grammont** (1). — (Du 2 juillet 1850 et du 21 juin 1898). Ces lois défendent les mauvais traitements exercés sur les animaux.

* ARTICLE UNIQUE : Seront punis d'une amende de 5 à 15 fr., et pourront l'être *d'un* à *cinq* jours de prison, ceux qui auront exercé *publiquement* et *abusivement* de mauvais traitements envers les animaux domestiques.

* II. **La loi du 31 juillet 1895** qui a réduit les vices rédhibitoires (2) aux suivants :

* A. **Pour le cheval, l'âne et le mulet :** 1° La morve ; 2° le cornage chronique ; 3° le farcin ; 4° l'emphysème pulmonaire ; 5° l'immobilité ; 6° les boiteries anciennes ou intermittentes ; 7° le tic proprement dit, avec ou sans usure des dents ; 8° la fluxion périodique des yeux.

* B. **Pour le mouton :** La clavelée.

* C. **Pour le porc :** La ladrerie.

** 1° *La morve ou coryza gangréneux* caractérisé par l'ulcération des naseaux, avec écoulement purulent et sanguinolent, par la tuméfaction et la dureté des ganglions de l'auge et par la fièvre.

Cette maladie est contagieuse, même du cheval à l'homme. Il faut abattre l'animal qui en est franchement atteint.

** 2° *Le cornage chronique.* Sifflement que fait entendre l'animal qui en est affecté après une course rapide ou un travail pénible. Il provient du rétrécissement des conduits aériens ou de quelque autre altération des organes respiratoires.

---

(1) Jacques-Philippe Delmas de Grammont, 1792-1862, colonel de hussards, député de la Loire et général en 1848, fit voter la loi en question en 1850.

(2) Vices rédhibitoires: ceux qui permettent à l'acheteur de faire annuler la vente des animaux qui en sont atteints.

** 3° *Le farcin*. Etat pathologique grave, marqué par des boutons purulents sur le corps, mais particulièrement sur les régions où la peau est très fine : naseaux, bouche, face interne des membres. Souvent ces boutons sont en chapelet. — Maladie incurable.

** 4° *L'emphysème pulmonaire*. Introduction de l'air dans le tissu cellulaire des poumons. Une forte compression, une contusion de la poitrine ou une commotion violente des poumons peuvent le produire.

** 5° *L'immobilité*. Etat cataleptique, qui rend l'animal presque immobile. Le regard est fixe et hébété. Cette maladie est plus fréquente dans le Nord que dans le Midi.

** 6° *Les boiteries anciennes ou intermittentes*. L'animal ne boite qu'à des époques irrégulières ; dans ce cas seulement où la boiterie n'est pas toujours visible, le vice est rédhibitoire.

** 7° *Le tic proprement dit, avec ou sans usure des dents*. L'animal appuie les dents contre son auge ou la mord ; en même temps il produit une contraction des muscles de l'encolure et des parois du ventre, accompagnée d'une sorte d'éructation, causée par la sortie de gaz de l'estomac. Dans le tic en l'air, l'animal porte la tête en haut, en bas ou de côté, sans l'appuyer. Dans ce cas, il ne peut y avoir usure des dents.

** 8° *La fluxion périodique des yeux*. Inflammation intermittente des yeux, qui se produit le plus souvent tous les trente jours. Les yeux se ternissent de plus en plus et arrivent à l'opacité complète du cristallin : incurable et héréditaire.

** B. **Pour le mouton :** *La clavelée ou claveau* ou variole du mouton. Maladie analogue à la petite vérole de l'homme. Se manifeste par des pustules sur le corps de l'animal. — Elle peut être prévenue par l'inoculation ou clavélisation. — Avec une lancette on soulève une petite partie d'épiderme en y introduisant le virus claveleux. Ce virus peut se prendre sur des boutons de bêtes malades.

** C. **Pour le porc :** *La ladrerie*. Causée par le *cysticercus cellulosæ*, qui provient des œufs du tœnia, lesquels, introduits dans l'appareil digestif du porc, avec ses aliments, passent dans la circulation et se fixent dans son corps : dans le foie, les poumons, sous la langue particulièrement et y forment de petites vésicules dans lesquelles se développent les animalcules à tête de tœnia. Si les *cysticerques* restent sur l'animal, ils ne subissent pas d'autre métamorphose. Mais s'ils passent dans le corps d'un carnivore ou d'un omnivore, ils se transforment en vers rubanés : c'est alors le tœnia parfait. (Ne pas laisser manger les excréments au porc.)

On constate l'existence de cette maladie, chez le porc, en passant le doigt sous la langue de l'animal, où l'on peut palper les granulations.

* *, Si l'on mangeait la viande crue des animaux infestés, on s'exposerait à introduire le tœnia dans l'appareil digestif. Mais la cuisson fait mourir les cysticerques.

* **Recours contre le vendeur**. — Il n'y a pas lieu d'exercer le recours contre le vendeur d'un animal atteint d'un vice rédhibitoire dans les cas suivants :

* 1° Quand le prix de l'animal ou du troupeau est inférieur à 100 francs ;

* 2° Lorsque le vendeur reprend la bête et en rend le prix avec les frais de l'achat ;

* 3° Dans le cas où l'on aurait laissé passer le délai fixé par la loi. sans faire aucune démarche ;

* 4° S'il était prouvé que l'acquéreur a mis, directement ou indirectement, l'animal contaminé en contact avec d'autres animaux atteints de la même maladie.

* En dehors de ces circonstances, le recours peut s'exercer dans les *neuf jours* qui suivent celui de la vente, pour tous les cas de rédhibition, sauf celui de la *fluxion périodique* des yeux, pour lequel le délai accordé par la loi est de *trente jours*.

* * La requête doit être présentée au juge de paix qui nomme des experts. Ceux-ci visitent l'animal et dressent un procès-verbal.

* * *L'assignation* et la *citation à l'expertise* devront être faites au vendeur dans le même laps de temps (9 ou 30 jours), avec une augmentation d'un jour par 5 myriamètres de distance, entre le domicile du vendeur et le lieu où se trouve l'animal.

III. — **La loi du 21 juillet 1881** relative à la police sanitaire des animaux.

Les décrets des 22 juin 1882 et 28 juillet 1888, et la loi du 21 juin 1898, 2ᵉ Section, qui réglemente à nouveau toute cette police sanitaire.

* Les maladies réputées contagieuses et qui donnent lieu à la déclaration, sont :

* 1° La *rage* dans toutes les espèces ;

* 2° La *peste bovine*, la *péripneumonie contagieuse*, le *charbon emphysémateux* ou *symptomatique* et *la tuberculose* dans l'espèce bovine ;

* 3° La *clavelée* et la *gale* dans les espèces ovine et caprine ;

* 4° La *fièvre aphteuse* ou *cocotte* dans les espèces bovine, ovine, caprine et porcine.

Toutefois les mesures sanitaires pourront s'étendre aux animaux d'autres espèces ci-dessus désignés.

* * **Bétail importé.** — Pour empêcher l'introduction d'animaux contaminés, à la douane, des préposés, à cet effet, inspectent ceux qui sont importés et n'en laissent entrer aucun de suspect.

* * Les bovidés qui peuvent être atteints de la tuberculose, sans signes apparents, sont *inoculés* avec la *tuberculine*, et

si quelqu'un donne des marques de la maladie, l'entrée en est interdite (1).

* *__En cas d'épizootie__ (2), il faut, d'après ce que prescrit la loi du 21 juin 1898, art. 31 :

* 1° Séparer les animaux malades et les séquestrer immédiatement.

* 2° Faire la déclaration de la maladie au maire qui doit requérir le vétérinaire sanitaire.

Si un animal meurt, le maire doit faire examiner le cadavre puis en ordonner l'enfouissement immédiat.

* * 3° En cas de peste bovine, tous les animaux atteints doivent être abattus (Art. 6).

* * 4° Les solipèdes qui seraient atteints de morve ou de farcin incurables, doivent de même être abattus sur l'ordre du maire (Art. 8).

* * 5° Les animaux charbonneux et ceux qui sont pris de la rage, comme les chiens et les chats qui en seraient suspects, doivent l'être immédiatement.

* * 6° Le préfet peut ordonner l'abattage des bovidés atteints de péripneumonie, après en avoir fait faire l'estimation. Il peut aussi ordonner l'inoculation des bêtes qui ont habité avec les contaminées (Art. 9). (Cette inoculation se pratique ordinairement à la naissance de la queue de l'animal, avec du liquide pris dans le poumon d'une bête morte de la contagion.)

* * Avant d'abattre un animal contaminé, il faut en faire faire l'estimation par le vétérinaire délégué et par un expert choisi par le propriétaire de l'animal (Art 20).

* Il est expressément interdit de laisser les animaux infectés communiquer avec d'autres, de les mettre en vente, de livrer leur chair à la consommation.

* On doit désinfecter les étables, écuries, voitures, harnais et objets divers ayant servi aux animaux malades ou à leur transport.

* *Indemnités accordées en cas d'épizootie.* — Ces indemnités sont réglées comme il suit :

* 1° Pour les animaux morts des suites de l'*inoculation* ordonnée par le Préfet, elle est de la totalité de la valeur de l'animal, mais elle ne peut pas dépasser 800 francs

* 2° Elle est des 3/4 de la valeur de l'animal abattu pour cause de peste bovine, et ne peut excéder 600 francs.

* 3° De la moitié seulement de leur valeur pour les ani-

---

(1) Pour constater la présence de la tuberculose dans un animal, on le livre à l'épreuve suivante :

Avec la petite seringue de Pravaz, on introduit un peu de *tuberculine* sous la peau de l'animal ; si celui-ci est en parfaite santé, sa température intérieure ne variera pas, s'il est contaminé la chaleur du corps augmentera. Dans ce cas, on lui coupe une partie de l'oreille comme marque de l'affection et l'animal est rendu à son maître.

(2) *Epizootie* (é-pi-zo-o-sie), maladie qui attaque un grand nombre d'animaux à la fois. Toutes celles qu'on vient d'énumérer sont de ce nombre.

maux abattus pour cause de péripneumonie et dans ce cas son maximum est de 400 francs (Art. 47).

   * *Demande de l'indemnité.* — Les demandes d'indemnité doivent s'adresser au Ministre de l'Agriculture dans les *trois mois* qui suivent le jour de l'abattage ou de la mort de l'animal.

   * Elles doivent être accompagnées de sept pièces certifiées par le maire (1).

QUESTIONNAIRE

1° A qui peuvent appartenir les animaux de la ferme?
2° Dites ce que vous savez, en droit, sur les principales espèces ?
3° Quelles sont les lois relatives aux animaux?
4° Combien y a-t-il de vices rédhibitoires et quels sont-ils?
5° Que faudrait-il faire dans le cas où l'on aurait acheté une bête atteinte d'un vice rédhibitoire?
6° Quand ne peut-on pas exercer son recours?
7° Quelles sont les principales maladies visées par les lois sur la police sanitaire des animaux?
8° Que faut-il faire quand un cas de maladie se présente?
9° Quelles prohibitions sont faites en cas d'épizootie?
10° Que faut-il faire avant d'abattre un animal contaminé?
11° Parlez des indemnités accordées à ceux qui ont éprouvé des pertes en temps d'épizootie?
12° Donnez le tableau synoptique des vices rédhibitoires ?

IV. — POLICE RURALE

(Loi du 21 juin 1898. — Code rural, liv. III).

TITRE PREMIER. — POLICE ADMINISTRATIVE

   * ARTICLE PREMIER. — *Les maires* sont chargés, sous la surveillance de l'Administration supérieure, d'assurer le maintien du *bon ordre*, de la *sécurité* et de la *salubrité* publique, sauf dans les cas où cette attribution appartient aux préfets.

   ** Ils sont également chargés de l'exécution des actes de *l'autorité superieure* relatifs à la police rurale.

Chapitre premier. — DE LA SÉCURITÉ PUBLIQUE

   * I. *Les maires* veillent à tout ce qui intéresse et garantit la *sécurité publique* (Art. 2).

   ** Ils doivent, par des précautions convenables, prévenir

---

(1) Ces pièces sont les suivantes :
1° Un certificat de l'ordre d'abatage ou d'inoculation.
2° Un certificat du maire attestant que l'ordre ci-dessus a été exécuté, ou un certificat du vétérinaire affirmant que la bête est morte de péripneumonie.
3° Une copie de la déclaration de la maladie, faite à la mairie.
4° Un écrit du maire prouvant que le propriétaire s'est conformé en tout à la loi.
5° Une déclaration du propriétaire faisant connaitre le produit de la vente des animaux, de leur chair ou débris.
6° Un procès-verbal d'autopsie.
7° Un certificat affirmant que les animaux morts n'ont pas été introduits en France dans les trois mois qui ont précédé l'abatage.

les accidents et les fléaux calamiteux, pourvoir d'urgence à toutes les mesures d'assistance et de secours.

Ils peuvent prescrire la *réparation* ou la *démolition* des murs et des édifices longeant la voie ou la place publique, lorsqu'ils menacent ruine (Art. 3).

Ils peuvent ordonner que le *ramonage* des fourneaux, des cheminées des maisons, des usines, etc., sera fait au moins une fois chaque année. Ils peuvent obliger à la *réparation* ou à la *démolition* de ces objets quand leur état pourrait faire craindre un incendie ou d'autres accidents (Art. 8).

Les maires peuvent prescrire que les meules de grains, de paille, de fourrage, etc., seront placées à une distance déterminée des habitations et des voies publiques (Art. 11). — Que les puits ou excavations présentant quelque danger soient entourés d'une clôture (Art. 13).

* Les animaux dangereux doivent être tenus enfermés et attachés (Art. 14).

* Les chiens errants, non munis d'un collier portant le nom et le domicile de leur maître, peuvent être conduits à la fourrière et abattus, après 48 heures, s'ils n'ont point été réclamés.

** II. *Le Préfet*, sur l'avis conforme du Conseil général, peut interdire, dans le département, l'emploi de certains matériaux pour la construction des bâtiments.

** Peut défendre d'allumer des feux dans les champs à moins d'une distance déterminée des bâtiments, vignes, vergers, bois, etc.

** Il peut encore ordonner les mesures à prendre pour que les appareils mécaniques des fermes ne présentent aucun danger d'incendie ou d'accident.

Chapitre II. — DE LA SALUBRITÉ PUBLIQUE

* *Les maires* sont chargés de veiller à tout ce qui intéresse la *salubrité publique*.

** Ils assurent l'exécution des dispositions légales qui ont pour but de prévenir les maladies contagieuses ou épizootiques.

** Ils doivent donner avis au préfet de tout cas d'épidémie et d'épizootie qui leur serait signalé.

Ils peuvent prendre les mesures provisoires qu'ils jugent utiles pour arrêter la propagation du mal.

Première section. — Police sanitaire.

En cas d'insalubrité, constatée par le Conseil d'hygiène, le maire peut :

1° Ordonner la suppression des fosses à purin *non étanches* ;

2° L'assainissement des mares communales placées dans les villages ;

3° Interdire les dépôts de vidange.

Il est interdit de faire rouir le chanvre et le lin dans les abreuvoirs et lavoirs publics (Art 25).

Le maire peut désigner, par un arrêté, les lieux où les routoirs (1) seront établis, ainsi que la distance des séchoirs de plantes textiles aux habitations.

* La chair des animaux *morts* d'une maladie, quelle qu'elle soit, ne peut être vendue et livrée à la consommation (Art. 27).

** Ces bêtes mortes ne peuvent être jetées dans les bois, dans les rivières, dans les mares ou à la voirie, ni enterrées dans les cours attenantes à une habitation ; elles doivent être livrées à l'équarrissage ou enfouies, à une distance minima de 100 mètres des habitations, et à un mètre de profondeur.

** Le maire doit faire disposer, comme il vient d'être dit, de tout animal trouvé mort sur le territoire de la commune, après un délai de douze heures, si le propriétaire reste inconnu.

Chapitre III. — DE LA PROTECTION DES ANIMAUX DOMESTIQUES

** En dehors de la défense des mauvais traitements exercés sur les animaux, ce chapitre prescrit :

** 1° A tout entrepreneur de transport de marchandises de pourvoir, toutes les douze heures au moins, à l'abreuvement et à l'alimentation de ses animaux ;

** 2° La même ordonnance est faite pour les animaux transportés, qui doivent toujours être accompagnés d'un gardien ;

** 3° Que les lieux de foire soient nettoyés et désinfectés après chaque tenue de foire ou de marché ;

** 4° Que les propriétaires ou fermiers laissent pénétrer le vétérinaire sanitaire dans les lieux où sont tenus les animaux, pour y faire telle constatation qu'il juge nécessaire.

** Si ce vétérinaire trouve des locaux insalubres pour les animaux, il indique les mesures à prendre, et, en cas d'inexécution, il adresse un rapport au maire et au préfet.

** A partir du jour où l'arrêté du préfet ou du maire est signifié à la partie intéressée, l'usage des locaux dont l'insalubrité a été reconnue est interdit.

Chapitre IV. — DE LA POLICE RURALE CONCERNANT LES RÉCOLTES

* *Les maires* sont chargés de la *police concernant le récoltes* (Art. 73).

Ils doivent assurer l'exécution des prescriptions relatives à la destruction des *animaux*, des *insectes* et des *végétaux nuisibles* à l'agriculture (Chenilles, hannetons, cryptogames, etc., etc.).

Ils font constater par les gardes champêtres et autres

---

(1) Routoirs, lieux où l'on fait rouir le chanvre. Rouir : tremper dans l'eau pour décoller les fibres de la tige.

agents, sous leurs ordres, les contraventions aux lois ayant pour but la protection des récoltes.

** *Les préfets* prescrivent les mesures nécessaires pour prévenir ou pour arrêter les dommages causés par des *insectes* ou des *cryptogames nuisibles*, lorsque ces dommages peuvent prendre un caractère calamiteux.

Sur la réquisition des agents, les propriétaires et les preneurs à bail doivent ouvrir leurs terrains pour permettre la vérification ou la destruction de ce qui est nuisible.

L'entrée en France des végétaux, fleurs, composts et objets quelconques susceptibles de servir à l'introduction de larves ou de cryptogames dangereux, peut être interdite par décret.

En cas d'inexécution, par des particuliers ou des établissements publics, des mesures prescrites, procès-verbal est dressé ou par le maire, ou par l'officier de gendarmerie, ou par le commissaire de police, ou par le garde forestier, ou par le garde champêtre, et le contrevenant est cité devant le juge de paix.

Loi du 6 octobre 1791, Titre II — et du 4 avril 1889

** Les *maris, pères, mères, tuteurs, maîtres, entrepreneurs,* etc., sont responsables des *délits* commis par leurs *femmes, enfants, pupilles, mineurs,* n'ayant pas plus de vingt ans et non mariés, *domestiques, ouvriers* et autres subordonnés (Art. 7).

** Les domestiques et ouvriers, à leur tour, sont responsables de leurs délits envers ceux qui les emploient.

* Les dégâts causés par les bestiaux doivent être payés par les personnes qui en ont la jouissance.

** Dans le cas où elles seraient insolvables, c'est le propriétaire du bétail qui devient responsable (1) (Art. 12).

* Si les dommages sont causés par des *volailles,* celui qui les éprouve peut tuer ces oiseaux sur les lieux du dommage, mais ne doit point se les approprier.

** Si après 24 heures le propriétaire des volailles ne les a point enlevées, celui qui les a tuées doit les faire enfouir sur place (21 juin 1898).

* Les troupeaux atteints de *maladie contagieuse* ne peuvent jamais être conduits sur les pâturages d'autrui, même dans le cas où la vaine pâture serait autorisée.

** Les *chèvres,* de même, ne peuvent être introduites sur l'héritage d'autrui, sans le consentement des ayants droit.

Les propriétaires des chèvres conduites en commun sont solidairement responsables des dommages qu'elles causent (Art. 18).

---

(1) Le propriétaire du bétail n'est pas toujours celui qui en a la jouissance, ni la charge :

Dans le bail à cheptel ou métayage, c'est le propriétaire qui fournit le bétail et c'est le preneur à bail qui en a la charge :

Dans le bail à ferme, c'est le fermier qui fournit le bétail et qui en est le propriétaire.

, * Il est prohibé de mener des bestiaux d'aucune espèce, et en aucun temps dans les prairies artificielles, les vignes, les oseraies, les plants d'oliviers, de mûriers, les pépinières d'arbres fruitiers et autres (Art. 24).

* Lorsque des animaux, non gardés, ont causé du dommage, le propriétaire lésé a le droit de les conduire au lieu désigné par le maire qui avertira le responsable, s'il le connaît.

Si les animaux ne sont pas réclamés dans la huitaine, il est procédé à leur vente pour payer les frais et les dommages.

* Il est défendu de détruire les greffes des arbres, d'écorcer les troncs d'arbres sur pied, de couper des branches aux haies vives, d'en enlever le bois sec, de recombler les fossés, de dégrader les clôtures, sous peine d'une amende minima de trois journées de travail (Art. 14)

* Quiconque aurait déplacé ou supprimé des bornes, pourra, en outre du paiement des frais de remplacement, être condamné à une amende (Art. 32).

* Le maraudage, ou enlèvement de bois, de fruits, des produits de la terre, etc., est puni suivant les circonstances et la gravité du vol.

QUESTIONNAIRE

1° Qui a la charge de l'ordre, de la sécurité et de la salubrité dans une commune?
2° Quelles prescriptions peut faire le maire relativement à la sécurité publique?
3° A la salubrité?
4° Que faire du cadavre des animaux?
5° Quelles sont les sollicitudes de la loi pour les animaux?
6° Qu'entendez-vous par le vétérinaire sanitaire? Quelles sont ses attributions?
7° Quels sont les ennemis dont il faut préserver nos récoltes?
8° Comment se répartit la responsabilité civile?
9° Qui est responsable des dommages causés par les animaux?
10° Et si les animaux qui causent le dommage sont abandonnés, que faut-il faire?

POLICE DE LA CHASSE

(Lois du 3 mai 1844 et du 22 janvier 1874).

* Nul ne pourra chasser, si la chasse n'est pas ouverte et s'il ne lui a pas été délivré un *permis de chasse* par l'autorité compétente.

* C'est le préfet qui, au moins de dix jours à l'avance, détermine l'époque de l'ouverture et de la fermeture de la chasse dans chaque département.

* Cependant on peut chasser en tout temps et sans *permis*, dans les propriétés attenantes à une habitation et entourées d'une clôture continue, empêchant toute communication avec les fonds voisins.

* Nul n'a la faculté de chasser sur les propriétés d'autrui

sans le consentement du propriétaire ou de ses ayants droit.

Les propriétaires qui ne veulent point permettre la chasse sur leurs terres, l'indiquent par des écriteaux portant *chasse réservée.*

* Il est interdit aussi de prendre ou de détruire, sur les terrains d'autrui, les œufs et les couvées de faisans, de perdrix et de cailles.

* Pendant le temps où la chasse n'est pas permise, il est défendu de transporter et de mettre en vente du gibier.

Il en est de même quand la terre est couverte par la neige.

* *Du permis de chasse.* — Les permis de chasse sont délivrés par les préfets et les sous-préfets, sur l'avis du maire de la commune.

* Ils donnent lieu à un droit de 18 francs, au profit de l'Etat, et de 10 francs à celui de la commune, soit en tout 28 francs (Loi du 2 juin 1875).

* Les permis de chasse sont valables pour toute la France, mais pour un an seulement et ils sont personnels.

** Le préfet et le sous-préfet peuvent refuser le permis de chasse :

1° A tout individu majeur (21 ans) qui ne serait pas inscrit, ou dont le père ou la mère ne serait pas inscrit au rôle des contributions ;

2° A celui qui sera privé de ses droits civils ;

3° A celui qui aurait été condamné à un emprisonnement de plus de six mois pour rébellion envers l'autorité publique ;

4° A tout condamné pour délit : *a*, de fabrication ou de distribution de poudre, armes et autres munitions de guerre; *b*, de menaces écrites ou verbales contre l'autorité ; *c*, de dévastations d'arbres ou de récoltes sur pied ;

5° A ceux qui auraient été condamnés pour vagabondage, vol, escroquerie ou abus de confiance ;

6° Aux *interdits*, aux *gardes champêtres*, aux *mineurs.*

* Les *mineurs âgés de 16 ans* peuvent cependant obtenir un permis de chasse, s'ils ont le consentement de leur père, mère, tuteur et curateur.

7° Enfin, ceux qui sont privés du droit de port d'armes et ceux qui sont placés sous la surveillance de la haute police ne peuvent l'obtenir.

* Le permis de chasse donne le droit de chasser de jour seulement, sur ses terres, ou sur celles dont la chasse n'est pas réservée, à l'aide de *chiens*, de *furets* et de *bourses*.

* Tous les autres moyens de chasse, comme les *collets* et autres pièges sont prohibés.

* Les propriétaires et fermiers peuvent cependant, en tout temps, détruire, sur leurs terres, les animaux nuisibles, comme sont les sangliers, les blaireaux, les fouines, etc.

POLICE DE LA PÊCHE

(Lois du 15 avril 1829 et du 27 décembre 1889).

* Dans les fleuves, rivières et canaux navigables, la pêche se fait au profit de l'Etat.

* Dans les rivières et canaux non navigables, les propriétaires riverains auront, chacun de son côté, le droit de pêche jusqu'au milieu du cours de l'eau.

* Cependant il est permis de pêcher à la *ligne flottante*, tenue à la main, dans tous les cours d'eau de l'Etat, excepté pendant le temps du frai.

Dans les cours d'eau qui appartiennent aux riverains, la pêche n'est autorisée qu'avec leur consentement.

Temps. — La pêche n'est permise que du lever au coucher du soleil, sauf pour l'anguille, la lamproie et l'écrevisse dont la pêche peut être autorisée avant le lever et après le coucher du soleil.

Les filets et engins réglementaires peuvent séjourner dans l'eau pendant la nuit, à condition de n'être relevés et placés que pendant le jour.

Periodes d'interdiction. — En vue de favoriser la multiplication du poisson, la pêche est interdite comme il suit :

1º Du 30 septembre au 10 janvier, celle du *saumon* ;

2º Du 20 octobre au 10 janvier, celle de la *truite* et de l'*ombre-chevalier;*

3' Du 15 novembre au 31 décembre, celle du *lavaret ;*

4º Du 15 avril au 15 juin, celle de tous les autres poissons et de l'écrevisse.

Pendant ces périodes, le transport et le débit des poissons désignés sont interdits.

Les mailles des filets de pêche doivent avoir 40 millimètres pour la pêche du saumon. Pour les grandes espèces de poissons autres que le saumon, 27 millimètres. Pour les petites, 10 millimètres.

** *Sanction.* — Ceux qui seront trouvés porteurs, hors de leur domicile, d'engins de pêche prohibés, pourront être condamnés à une amende de 20 francs au plus et à la confiscation de leurs engins.

* Quiconque jetterait, dans les eaux poissonneuses, des drogues capables d'enivrer ou de détruire le poisson, serait passible d'une amende de 30 à 300 francs et d'un emprisonnement de un à trois mois (Art. 25).

Si l'on employait la dynamite l'amende pourrait être de 200 à 500 francs et l'emprisonnement de trois mois à un an.

** Celui qui se livrerait à la pêche pendant le temps prohibé serait puni d'une amende de 20 à 200 francs. Et celui qui se servirait de filets et d'engins défendus, le serait d'une amende de 30 à 100 francs (Art. 27 et 28).

** C'est le gouvernement qui exerce la police et la surveillance de la *chasse* comme de la *pêche,* par les gendarmes, les gardes champêtres, les éclusiers et les employés assermentés à cet effet.

QUESTIONNAIRE

1° Quelles sont les conditions requises pour pouvoir chasser?
2° Quand peut-on chasser? Et où peut-on chasser? .
3° Où peut-on chasser en tout temps?
4° Qu'appelle-t-on permis de chasse? Qui le délivre? A qui? Droits que donne le permis?
5° Les mineurs peuvent-ils prendre le permis de chasse?
6° Où peut-on pêcher et quand?
7° Peut-on pêcher avec toutes sortes d'engins?
8° Qui exerce la police de la pêche?

V. — DES CONTRATS AGRICOLES

C. N. Liv. III, t. III.

** Le *contrat* est une convention par laquelle une ou plusieurs personnes s'obligent, envers une ou plusieurs autres, à donner, à faire ou à ne pas faire quelque chose (Art. 1101).

Le contrat est *synallagmatique* (du gr. synallagma= échange) ou *bilatéral*, lorsque les contractants s'obligent réciproquement les uns envers les autres (Art. 1102).

Il est *unilatéral* lorsqu'une ou plusieurs personnes sont obligées envers une ou plusieurs autres sans que de la part de ces dernières il y ait d'engagement.

** Les principaux contrats sont :

** 1° La *vente* qui est une convention par laquelle l'un s'oblige à livrer une chose et l'autre à la payer.

** Elle est parfaite dès qu'on est convenu de la chose et du prix. — La *dation d'arrhes* est considérée par la loi comme un dédit facultatif (Art. 1590).

** Peuvent *vendre* ou *acheter* toutes les personnes qui peuvent *contracter* (1). Cependant un *tuteur* ne peut acheter les biens de son pupille. — Les ventes entre époux sont prohibées hors certains cas.

Les produits que le cultivateur vend communément sont : des céréales de toutes sortes de récoltes, des denrées, des animaux, etc.

*° 2° L'*échange* par lequel les parties se donnent une chose pour une autre.

La *rescision* ou *annulation* pour cause de lésion n'a pas lieu dans le contrat.

** 3° Le *louage de chose ou d'ouvrage* est un contrat par lequel les parties peuvent jouir d'une chose moyennant un prix convenu. — Ou l'une des parties s'engage à faire un ouvrage et l'autre à le payer.

---

(1) ** Peuvent contracter les personnes qui n'en ont pas été déclarées incapables par la loi (1123).

Or, les incapables de contracter sont : 1° Les mineurs: 2° les interdits; 3° les femmes mariées, à moins que l'acte de mariage ne porte que les époux se sont mariés sans contrat (1391).

** Les principaux louages sont appelés *baux*.

* Un *bail* est donc un contrat par lequel l'un des contractants appelé *bailleur* cède au *preneur* la jouissance d'une chose pour un temps et moyennant un dédommagement convenu.

** Le *bailleur* est tenu de délivrer la chose en bon état de réparations de toutes espèces. — Il doit y faire, pendant la durée du bail, toutes les réparations nécessaires, autres que les *locatives* (2).

** Le *preneur* est tenu : 1º d'user de la chose louée en bon *père de famille*, et suivant la destination qui lui en a été donnée par le bail ; 2º de payer le prix du bail aux termes convenus.

** **Différentes espèces de baux.** — Les baux principaux sont dits :

** 1º *Bail à loyer* pour désigner le louage des maisons et celui des meubles (Art. 1711).

** 2 *Bail à ferme* pour le louage des héritages ruraux ou fermes.

** 3º *Bail à cheptel ou bail à colonat partiaire* quand le bailleur et le preneur à bail se partagent le profit des animaux et de la ferme louée.

** 4º *Loyer*, s'il est question de travail ou des services des ouvriers et domestiques.

** Le *bail à ferme* est un contrat par lequel un propriétaire abandonne au preneur sa propriété moyennant une redevance qui se paie en argent, ou partie en nature et partie en argent.

** Le fermier fournit le bétail et les instruments nécessaires à l'exploitation. Il doit faire les réparations locatives et entretenir le nombre d'arbres que possédait la propriété.

** *Le fermage* est déterminé à l'avance et reste ordinairement invariable pendant toute la durée du bail.

** *Dans le bail à cheptel ou métayage ou à colonat partiaire*, le *propriétaire* et le *preneur à bail* se partagent les produits de la ferme et des animaux.

** C'est le propriétaire qui fournit le *cheptel* ou ensemble des animaux nécessaires à l'exploitation. Le *métayer* n'a donc à fournir que les instruments de travail.

** Ici le prix du loyer est variable suivant que les récoltes à partager sont bonnes ou mauvaises.

---

(2) Les réparations *locatives* sont celles de menu entretien. Elles sont désignée comme telles par l'usage des lieux. L'art. 1754 énumère les suivantes : Les réparations à faire aux âtres, contrecœurs, chambranles et tablettes de cheminées ; au récrépiment des soubassements à la hauteur d'un mètre. — Aux pavés et carreaux des chambres lorsqu'il y en a quelques-uns seulement de cassés. — Aux vitres à moins qu'elles ne soient cassées par la grêle ou autre accident extraordinaire. — Aux portes, croisées, planches de cloison, gonds, targettes et serrures, etc.

Le métayage se pratique dans le centre et dans une grande partie de l'ouest de la France.

Le bail emphytéatique (en = dans ; phuteuein = planter) était un bail d'après lequel on avait le droit de planter des arbres et le temps de jouir de leurs fruits. — L'emphytéose était en usage chez les Romains.

En France, elle a été abolie par le décret du 18 octobre 1790. Si l'on emploie encore ce terme, c'est pour désigner un bail à long terme.

Cependant, ce genre de bail existe encore à Madagascar, mais une loi récente permet aux fermiers d'acheter les propriétés qui sont l'objet de ces baux.

Contrat de transport. — Le transport consiste à passer une créance, un droit, un héritage à un tiers, moyennant une égale compensation.

. Le transport d'une créance, d'un droit ou d'une action s'opère par la remise du titre (Art. 1689).

Mais, le cessionnaire (celui qui reçoit la créance) n'est saisi que par la signification du transport faite au débiteur, ou par l'acceptation du transport, faite par le débiteur, dans un acte authentique (Art. 1690).

La vente ou cession d'une *créance* comprend les accessoires de la créance tels que caution, privilège et hypothèques.

Le vendeur ne répond de la solvabilité du débiteur que lorsqu'il s'y est engagé ; encore ne peut-il garantir que la solvabilité présente.

QUESTIONNAIRE

1° Qu'appelle-t-on contrat ?
2° Quels sont les principaux contrats ?
3° Quelles sont les personnes qui peuvent contracter ?
4° Qu'est-ce qu'un bail ?
5° Quelles différences présente le bail à ferme et le bail à colonat partiaire ?
6° Qui est-ce qui dirige les cultures dans les deux cas ?

VI. — PARTAGE ET ÉCHANGE DES PROPRIÉTÉS RURALES

** Les héritiers d'une succession ne peuvent être contraints à demeurer dans l'indivision.

Cependant, on peut convenir de suspendre le partage pour un temps qui ne peut dépasser cinq ans, mais qui peut être renouvelé (Art. 815).

L'action en partage des cohéritiers *mineurs* ou *interdits* peut être exercée par leurs tuteurs, autorisés par le conseil de famille.

** Si tous les héritiers sont présents et majeurs, le partage peut être fait dans la forme et par tel acte que les intéressés jugent convenables.

Si tous les héritiers ne sont pas présents, ou s'il y a parmi eux des mineurs ou des interdits, le scellé doit être apposé dans le plus bref délai, soit à la requête des héritiers, soit à la diligence du procureur de la République, soit par le juge de paix.

Les créanciers peuvent aussi requérir l'apposition des scellés.

Chacun des cohéritiers peut demander sa part des meubles et immeubles de la succession.

Cependant, s'il y a des créanciers opposants, on peut vendre des meubles pour acquitter les dettes.

Dans la formation des lots des immeubles, on doit éviter autant que possible, de morceler les héritages et de diviser les exploitations.

L'inégalité des lots se compense par un retour en argent.

Les lots sont faits par un cohéritier convenu, ou par un expert désigné par le juge, et après que chaque copartageant a proposé ses réclamations contre leur formation, ils sont tirés au sort.

Echange des biens.—*Décret du 7 mars 1804.*—L'échange est un contrat par lequel les parties se donnent une chose pour une autre.

Il s'opère comme la vente par le seul consentement des parties ; et toutes les règles prescrites pour celle-ci s'appliquent à l'échange. Cependant la rescision (annulation) pour cause de lésion n'a pas lieu dans l'échange (Art. 1703).

* *La loi du 3 novembre 1884 favorise considérablement l'échange des immeubles ruraux, et cela afin de faciliter la reconstitution des domaines trop morcelés par les partages.*

* *Cette loi réduit à vingt centimes pour* 100 francs *les droits d'enregistrement ou de transcription.*

* * Mais il faut, pour bénéficier de ces avantages : 1° que les immeubles échangés soient situés dans la même commune ou dans des communes limitrophes ;

* * 2° Ou, en dehors de ces limites, que l'un des immeubles échangés soit contigu aux propriétés de celui qui le recevra, et que ces immeubles aient été acquis par acte enregistré depuis plus de deux ans, ou recueillis par héritage.

Le contrat qui renfermera toutes les indications énoncées à l'article 2 de cette loi, contiendra un extrait de la matrice cadastrale des dits biens, qui sera délivré gratuitement.

On appelle *Homestead* et *Hoferecht*, une partie de propriété, ou un domaine, qui, dans le partage, ne peut être divisé et doit revenir à un seul héritier.

Ces usages, qui existent encore en Amérique, ont été abolis en France.

* * **Des hypothèques.**—*L'hypothèque* est un droit réel sur les immeubles d'autrui, affectés à l'acquittement d'une dette (Art. 2114).

L'hypothèque est indivisible et suit les immeubles hypothéqués en quelques mains qu'ils passent.

Sont seuls susceptibles d'hypothèques :

1° Les biens immobiliers et leurs accessoires réputés immeubles ;

2° L'usufruit et *accessoires* des mêmes biens ;

3° Les navires.

L'*hypothèque légale* est attribuée :

1° Aux *droits et créances* des femmes mariées sur les biens de leur mari ;

2° A ceux des mineurs et interdits sur les biens de leur tuteur ;

3° A ceux de l'Etat, des communes et des établissements publics sur les biens des receveurs et administrateurs comptables.

Les *inscriptions des hypothèques* se font au *bureau de conservation des hypothèques*, dans l'arrondissement où sont situés les biens hypothéqués, et ne conservent leurs effets que pendant dix ans, si elles ne sont pas renouvelées.

* * **Warrants** (mot anglais : garantir). Les *warrants* sont des titres qui permettent aux cultivateurs de faire des emprunts, en donnant *à gage* certaines de leurs récoltes.

* * La loi du 20 juillet 1898 qui les autorise, énumère les produits sur lesquels un warrant peut être créé ; ce sont les suivants :

1° *Les céréales en gerbes ou battues ;* 2° *Les fourrages secs ;* 3° *Les plantes officinales séchées ;* 4° *Les légumes secs ;* 5° *Les fruits séchés et fécules ;* 6° *Les matières textiles animales ou végétales ;* 7° *Les graines oléagineuses et à ensemencer ;* 8° *Les vins, cidres, eaux-de-vie, alcools ;* 9° *Les cocons, bois exploités, miel, cire, huile, sel.*

* * Les produits *warrantés* restent le gage du porteur du warrant jusqu'au remboursement des sommes avancées.

Avant tout emprunt, le fermier ou métayer devra aviser són propriétaire de la valeur des récoltes qui doivent servir de gage, et du montant des sommes à emprunter et cela par l'intermédiaire du greffier du juge de paix de son canton.

Le propriétaire peut s'opposer à l'emprunt dans le cas où des termes échus lui seraient dus, dans les douze jours qui suivent l'avis.

Le greffier doit inscrire sur les deux parties d'un registre à souche toutes les conditions et circonstances de l'emprunt, la feuille détachée de ce registre devient le warrant qui permettra de le réaliser.

Les warrants peuvent être transmis par endossement.

* * *Echéance du warrant.* — L'emprunteur peut, même avant l'échéance, rembourser les sommes garanties par le warrant et se libérer ainsi des intérêts qui restent à courir, moins ceux de dix jours que les banquiers retiennent suivant l'usage (Art. 7).

Si le titre est payé à son échéance, l'emprunteur le fait constater par le greffier qui lui délivrera un récépissé de la radiation de son inscription.

Dans le cas contraire, si le créancier ne veut pas permettre le renouvellement du warrant, un protêt est dressé, et huit jours après on peut procéder à la vente, aux enchères, des récoltes (Art. 10).

Le créancier est payé de sa créance sur le prix de vente, par privilège, et de préférence à tous autres créanciers, sans autre déduction que celles des contributions directes et des frais de vente (Art. 11).

QUESTIONNAIRE

1° Quelle est la loi qui favorise l'échange des biens?
2° En quoi favorise-t-elle cet échange?
3° A quelles conditions peut-on profiter de ce bénéfice?
4° Dites ce que vous savez sur les hypothèques?
5° Qu'appelle-t-on warrant?
6° Quelles sont les recoltes qui peuvent être warrantées?
7° Qui est-ce qui délivre les warrants?
8° Que peut-il arriver à l'échéance d'un warrant?

DES SYNDICATS AGRICOLES

(Du gr. syndikos = défenseurs).

Avant le vote de la loi du 21 mars 1884, les *associations* des plus de 20 personnes étaient prohibées; c'est pourquoi cette loi, qui, en autorisant les syndicats professionnels, abolit celles qui défendaient les associations nombreuses, commence par : *Sont subrogés*.....

Cependant, des lois du 21 juin 1865, du 20 août 1881 et du 15 décembre 1888, autorisaient les associations syndicales faites en vue d'entreprendre des améliorations ayant un caractère d'intérêt collectif. Comme sont, d'après cette loi, des travaux : de défense contre la mer, les fleuves et les torrents; de dessèchement des marais, d'assainissement des terres, de chemins d'exploitation, destruction du phylloxéra, et d'autres, utiles à plusieurs propriétaires intéressés à ces travaux.

* Mais la loi du *21 mars 1884* permet les *associations professionnelles* sans restriction et sans l'autorisation du Gouvernement.

* **I. Définition du syndicat.** — On appelle syndicat professionnel l'Association de gens de la même profession qui s'unissent pour défendre et favoriser leurs intérêts communs.

* Les syndicats professionnels ne peuvent être formés qu'entre personnes de la même profession.

* Mais, pour faire partie d'un *syndicat agricole*, il suffit de posséder quelque terrain ou d'exercer un emploi qui se se rapporte à l'agriculture.

* Ces associations doivent avoir pour objet l'étude et la

défense des intérêts *économiques, industriels, commerciaux* et *agricoles* (1).

* **II. Création d'un syndicat**. — Pour établir un syndicat, il faut :

1° Former la *Chambre syndicale* qui doit administrer les intérêts de l'association et qui est responsable devant la loi (2). Ses membres doivent être français et jouir de leurs droits civils ;

2° Dresser les *statuts* du syndicat (3) ;

3° Déposer un exemplaire de ces statuts à la mairie de la localité où le syndicat est établi.

Ce dépôt devra être renouvelé à chaque changement de la direction ou des statuts.

Les statuts doivent porter en premier lieu les noms et professions des administrateurs.

* **III. Composition du syndicat**. — Quoique la loi n'en fasse pas mention, on peut dire qu'un syndicat bien constitué se compose :

1° D'un *Président* qui préside les séances, dirige les débats et les travaux du syndicat, le représente en justice et dans les actes de la vie civile et ordonne les dépenses ;

2° D'un ou de deux *Vice-Présidents*, qui remplacent le Président au besoin ;

3° D'un *Secrétaire* qui rédige les procès-verbaux, fait les convocations, etc. ;

4° D'un *Trésorier* qui reçoit les cotisations et paie les dépenses ;

5° De trois à neuf membres complétant la Chambre syndicale, et enfin des membres ordinaires.

* La *Chambre syndicale* peut choisir des *syndics* pour la représenter dans chaque commune ou hameau.

* Les *Assemblées générales* se tiennent au moins une fois l'année.

* Le *Bureau* peut se réunir toutes les fois que le Président le juge nécessaire.

* **IV. Attributions du syndicat.** — 1° Les syndicats peuvent posséder, acheter et vendre.

* Toutefois il ne leur est permis d'acquérir d'autres immeubles que ceux qui sont nécessaires à leurs *réunions*, à leurs *bibliothèques* et à des *cours d'instruction professionnelle* (Art. 6).

* De même, ils ne peuvent vendre qu'à leurs seuls membres.

---

(1) Cette loi ne mentionnait tout d'abord que les intérêts *économiques, industriels* et *commerciaux*. — Ce fut le sénateur Oudet qui, par un amendement présenté au dernier moment, fit ajouter « et agricoles ».

(2) La loi cependant n'indique aucun mode d'administration.

(3) L'*Union du Sud-Est* possède des exemplaires de statuts modèles qui peuvent convenir à la plupart des syndicats agricoles. — Pour se les procurer, il suffit d'en faire la demande à M. le président de l'*Union*, place de la Miséricorde, 8, Lyon.

* Tout syndic qui ferait bénéficier un tiers des avantages du syndicat, compromettrait l'association et se mettrait dans le cas d'en être expulsé.

* 2° Les syndicats peuvent *ester* en justice (1).

** 3° Il leur est permis de créer et d'administrer des *offices de renseignements* pour les offres et les demandes de travail.

** 4° De constituer entre leurs membres *des Caisses spéciales* de *secours mutuels* et de *retraites* (Art. 6).

* 5° Ils pourront être consultés sur tous les différends et toutes les questions se rattachant à leur spécialité.

* **V. Avantages que procurent les syndicats.** — Les associations syndicales, animées d'un bon esprit, procurent de nombreux avantages à leurs membres.

Les principaux sont les suivants :

* 1° Ils suppriment ou plutôt remplacent les *intermédiaires* dans les achats et les ventes.

** Les membres d'un syndicat peuvent, en effet, tout trouver au sein de leur association : semences, engrais chimiques, instruments et machines, fourrages, plants de vigne, échalas, etc., et dans les conditions les plus favorables.

** Comme aussi il leur est facile de vendre leurs produits en commun. — Le syndicat peut recevoir le blé, par exemple, ou autres marchandises de ses adhérents, les vendre en bloc et répartir le prix aux intéressés.

** 2° Les syndicats peuvent régler les questions litigieuses de leurs membres.

** Si l'association est nombreuse, il est facile de composer, en son sein, une Commission d'anciens magistrats, d'avocats, etc., qui jugent à *l'amiable* et *gratuitement* les questions qui lui sont soumises.

* 3° Les associations syndicales peuvent encore faire bénéficier leurs membres des avantages des *assurances mutuelles* contre la mortalité du bétail, ou les dégâts de la grêle, etc.

** Les sinistrés peuvent être indemnisés soit par une Caisse formée par les intéressés, soit par une mise d'argent faite seulement à l'occasion du sinistre.

** Par exemple, dans une commune, 20 propriétaires possèdent ensemble 150 bêtes à cornes : L'un d'eux en a 2, l'autre 5, et ainsi de suite. Il périt une bête estimée 300 fr.

** Chacun des propriétaires contribuera à la formation de cette somme proportionnellement au nombre de bêtes qu'il possède. — 300 : 150 = 2 francs par tête. Chaque sociétaire devra donc donner autant de fois 2 francs qu'il possède de bêtes à cornes.

On peut encore faire l'estimation du bétail et établir la

---

(1) Ester signifie comparaître personnellement en justice comme défendeur ou demandeur. Celui qui ne peut ester, ne peut ni l'un ni l'autre. Ex. : les mineurs, les interdits, les femmes mariées.

répartition des indemnités d'après les sommes qui représentent la valeur des bêtes de chacun (1)

* 4º On peut rencontrer dans le syndicat les bienfaits des *Caisses de prévoyance, secours mutuels,* et même de *retraite.*

** Par des versements d'une cotisation annuelle, la Caisse se forme, et grâce à la bonne administration du syndicat, elle viendra en aide à ses membres en cas de *maladie,* de *chômage,* de *revers,* et même *dans la vieillesse.*

* 5º Les syndicats peuvent susciter la création de *Sociétés coopératives* en faveur de leurs membres.

** La *coopération* est une association dans laquelle les efforts de tous les intéressés concourent à l'amélioration du sort matériel de chacun.

On peut donc dire que les Sociétés coopératives sont des associations de *personnes* ou de *capitaux* faites en vue de réaliser des *économies* ou des *bénéfices.*

Exemple : Réunir des capitaux pour créer une boulangerie qui livrera le pain à un prix moins élevé.

** Il peut y avoir des coopératives : 1º de *consommation,* 2º de *production,* 3º de *crédit,* de *construction,* etc.

** 1ʺ Les *coopératives de consommation* sont les plus communes. Elles fournissent à leurs adhérents les denrées alimentaires (Ex. les épiceries coopératives).

** L'association achète aux producteurs qui font les prix du gros. En sorte que les consommateurs profitent du bénéfice que feraient les marchands intermédiaires.

* 2º Les *coopératives de production* sont celles qui fabriquent ou procurent aux sociétaires les objets qui leur sont nécessaires. (Instruments, machines, semences).

** 3º *Coopératives de Crédit.* — Le Crédit agricole n'est qu'à l'état de projet en France. Mais les syndicats qui connaissent leurs associés peuvent organiser des systèmes de *crédit,* particulièrement avantageux aux emprunteurs. — Cependant les warrants favorisent le crédit agricole.

* 6º *L'assistance* est encore un bienfait des syndicats. Elle consiste à venir en aide à ses membres dans le besoin.

Elle peut s'exercer soit par des secours en espèces, soit par des remèdes, des visites de médecin, ou encore par le travail pour relever les récoltes ou faire les ensemencement de ceux qui en sont empêchés.

UNION DE SYNDICATS

* La même loi du 21 mars 1884 autorise aussi l'union des syndicats entre eux.

A leur création, ces unions doivent déposer, à la mairie

---

(1) Remarque : Dans ces assurances, il est bon d'estimer les animaux au-dessous de leur valeur, afin qu'aucun ne soit tenté de se défaire d'une bête pour en recevoir le prix.

de la commune où elles ont leur siège une copie de leurs statuts et le nom des syndicats unis.

Ces unions présentent la même organisation que les syndicats isolés.

* Elles ont leur président, leurs vice-présidents, leurs secrétaires, trésoriers, etc., comme les syndicats.

* Pour faire partie de ces unions, le président du syndicat qui veut s'unir doit en adresser la demande au président de l'union qui consulte le bureau et, après examen, prononce ou rejette l'admission.

** *Les Unions de syndicats* possèdent les mêmes attributions et procurent les mêmes avantages que les syndicats isolés ; mais leur puissance d'action est de beaucoup plus considérable.

Cependant elles ne peuvent ni posséder d'immeubles, ni *ester* en justice (Art. 5).

L'Union du Sud-Est est une des plus florissantes ; elle compte plus de 260 syndicats unis et sa coopérative fait annuellement pour plus de deux millions d'affaires.

Elle possède une *commission supérieure de l'enseignement agricole* qui a organisé des examens, sanctionnés par un *certificat* et un *diplôme* à la disposition de toutes les écoles rurales qui veulent y prendre part.

Pour bien dire les avantages qu'offrent les syndicats, il aurait fallu citer l'article de *M. de Gaillard-Bancel, président des syndicats des cantons de Crest et d'Alex*, sur l'action de ces associations et dont nous extrayons le passage suivant :

« Ce n'est pas seulement aux sociétaires, mais à leurs familles aussi que les syndicats, par leurs diverses fondations, se sont appliqués à être utiles. Car en maints endroits, c'est toute la famille qui participe à la Caisse de secours ou d'aide mutuelle. C'est à tous les membres de la famille et même aux serviteurs que s'adresse l'assurance contre les accidents agricoles. C'est également la famille entière qu'ont eue en vue certains syndicats en ouvrant leurs locaux les jours de foires et de marchés, en les chauffant, en les disposant de telle sorte que les sociétaires puissent, avec leurs femmes et leurs enfants, s'y abriter, s'y chauffer, s'y installer pour prendre leurs repas. Et, dans les grandes circonstances, baptêmes, mariages, etc., tout le matériel, tables, ustensiles, verres, vaisselle, est prêté à la famille pour lui faciliter la réception de ses hôtes. »

AUTRES SOCIÉTÉS EN AGRICULTURE

* Les *sociétés privées*, qui ont pour but les progrès de l'agriculture et la défense de ses intérêts sont très nombreuses. Parmi les plus importantes on peut citer :

* 1° Les *sociétés d'agriculture* qui provoquent les progrès agricoles par toutes sortes d'encouragements : par des primes, des médailles, des récompenses en espèces et par l'organisation de *concours*, etc.

Entre ces sociétés les plus remarquables sont :

La *société des Agriculteurs de France*, très ancienne et très nombreuse. Elle étend ses bienfaits sur toutes les régions de la France. Elle encourage l'enseignement agricole et favorise les progrès de toute nature.

Elle compte plus de 12,000 **membres**. La cotisation est de 10 francs.

La *société nationale d'Agriculture*, d'une origine plus récente, poursuit le même but.

* 2° Les *Comices agricoles* qui provoquent les progrès de l'agriculture principalement par l'organisation des concours dans les chefs-lieux de canton et les communes importantes.

* 3° Les *sociétés d'élevage* qui propagent les bons reproducteurs et récompensent les cultivateurs qui obtiennent de beaux produits.

* 4° Les *sociétés de viticulture* qui s'intéressent à tout ce qui concerne le perfectionnement de nos vignobles et stimulent les viticulteurs par des concours et des récompenses.

* 5° Les *sociétés d'horticulture* qui font de même en ce qui concerne le jardinage.

La société d'horticulture lyonnaise décerne, après examens, des diplômes de capacité horticole aux jeunes gens qui veulent obtenir ces titres.

** Toutes ces sociétés sont administrées par leurs présidents, vice-présidents, secrétaires, etc.

Pour faire partie de ces différentes associations, il suffit de se faire présenter par un ou deux membres et de payer sa cotisation annuelle qui varie entre 2 et 10 francs.

QUESTIONNAIRE

1° Qu'appelle-t-on syndicat? Quelle est la loi qui les autorise?
2° Les syndicats sont-ils des associations ou des sociétés?
3° Que faut-il faire pour établir un syndicat ?
4° Quelles sont les attributions d'un syndicat ?
5° Principaux avantages que procurent les syndicats.
6° Qu'appelle-t-on coopérative ? Crédit, assistance, prévoyance, mutualité?
7° Dites ce que vous savez sur les Unions de syndicats?
8° Ces Unions peuvent-elles *ester* en justice et posséder des immeubles ?
9° Quelles sont les autres sociétés qui protègent l'agriculture ?

ASSURANCES

** Les assurances sont des contrats par lesquels l'un des contractants appelé *assureur* s'engage à dédommager l'autre, dans les circonstances prévues, moyennant une somme annuelle convenue, appelée *prime d'assurance.*

Les *assureurs* sont ordinairement les *Compagnies d'assurances.*

La *prime* se détermine d'après la valeur des choses assurées et d'après les probabilités des accidents qui peuvent survenir. Une chose plus exposée aux sinistres donne lieu à une prime plus élevée qu'une autre qui présente moins de dangers.

** L'acte de contrat des assurances s'appelle *police d'assurances.*

** Elle contient les conventions passées entre l'assureur et l'assuré.

** Ces conventions sont relatives :

1o A la désignation et valeur des objets assurés ;

2o Aux conditions et circonstances dans lesquelles auront lieu les dédommagements ;

3o A la prime à payer annuellement ;

4o A la durée du contrat.

Sortes d'assurances. — Celles qui intéressent l'agriculture sont les suivantes :

1⁰ Les assurances contre l'incendie ; 2⁰ Les assurances contre la grêle ; 3⁰ Les assurances sur la vie ; 4⁰ Les assurances contre les accidents agricoles.

1. **Assurances contre l'incendie. — Ce sont celles par lesquelles les Compagnies s'engagent à dédommager l'assuré en cas d'incendie.

** On estime la valeur des *immeubles* ou des *meubles* assurés, et la prime se paie d'après cette valeur, en tenant compte des chances d'incendie.

Si l'immeuble assuré subit quelques modifications, elles deviennent l'objet d'une convention supplémentaire appelée *avenant.*

* *Règlement des sinistres.* — En cas d'incendie, la propriétaire doit :

1⁰ En avertir le représentant local de la Compagnie;

2⁰ Faire une déclaration au juge de paix portant l'époque de l'incendie, sa durée, ses causes connues et la valeur des dégâts.

Les dommages se règlent de gré à gré, ou par l'intermédiaire de deux experts désignés un par chaque intéressé.

** 2. **Assurances contre la grêle.** — La plupart des Compagnies qui assurent contre l'incendie peuvent aussi assurer contre la grêle.

Le propriétaire estime la valeur de ses emblavnres (ou ensemencements faits en blé); et autres ensemencements ou plantations capables d'être avariés; la prime d'assurance est réglée d'après cette valeur. En cas de sinistre l'intéressé doit faire les déclarations comme il est dit ci-devant.

** 3. **Assurances sur la vie.** — Les sociétés d'assurance sur la vie et les *tontines* ne peuvent se former qu'en vertu d'un décret et demeurent sous la surveillance du Gouvernement.

~Ces Compagnies assurent de manières bien différentes :

1° *En cas de décès*. — La société s'engage à payer une somme à un héritier dans le cas où l'assuré viendrait à mourir avant une époque déterminée. Et cela sous la condition d'un versement annuel fait à la Compagnie.

2° *En cas de vie*. — Dans ce cas l'assureur s'engage à payer une rente viagère à l'assuré quand il aura atteint un âge déterminé, à condition que celui-ci aura, chaque année, payé la prime d'assurance.

3° *D'une manière mixte*. — L'assuré qui fait un versement annuel à la Compagnie pourra obtenir un capital s'il ne meurt pas avant une époque déterminée ; et en cas de décès, le capital sera payé à une autre personne désignée, à ses enfants par exemple.

Les *tontines* (De Lorenzo Tonti, napolitain, qui les fonda) sont des assurances mutuelles sur la vie. Elles présentent plusieurs cas dont le plus ordinaire consiste à mettre en commun des capitaux destinés à être répartis entre les survivants à une époque déterminée.

Les plus sérieuses ont pour but de permettre à des individus de se préparer des ressources pour l'avenir ou d'assurer un capital à leurs enfants.

4. Assurances contre les accidents. — Elles ont pour but de garantir contre les suites des accidents prévus par l'acte de contrat ou police d'assurance.

La *loi contre les accidents* n'est pas encore bien assise, toutefois le texte qui concerne plus particulièrement les agriculteurs est le suivant, voté le 8 juin 1899 :

« Les accidents occasionnés par l'emploi des machines agricoles, mues par des *moteurs inanimés*, et dont sont victimes par *le fait* ou à *l'occasion du travail*, les personnes occupées à la *conduite*, ou au *service* de ces moteurs ou machines, *sont à la charge de l'exploitant* du dit moteur. » (*Bulletin* du 15 mai 1900) (1).

* L'assurance contre les accidents agricoles peut être basée: 1° à tant par homme ; 2° à tant pour cent sur les salaires payés ; 3° à tant à l'hectare.

C'est ce dernier mode qui est conseillé par la *Coopérative agricole du Sud-Est*. — On trouve à son centre, place de la Miséricorde, 8, à Lyon, une brochure qui donne tous les détails possibles (s'adresser à M. le Directeur de la Coopérative).

---

(1) Voir le jugement rendu par la Cour de Limoges le 13 février 1900.

TABLE DES MATIÈRES